ANALIZA KSIĄŻKI

AF142096

Dawca

· · · · · · · · · · · · · ·

Lois Lowry

ANALIZA KSIĄŻKI

Napisany przez Yann Dalle
Przetłumaczony przez Kâmil Kowalski

Dawca

· ·

Lois Lowry

LOIS LOWRY

AMERYKAŃSKA PISARKA

- **Urodziła się w Honolulu w 1937 roku.**

- **Godne uwagi prace:**

    - *Anastazja Krupnik* (1979), powieść

    - *Wszystko o Samie* (1988), powieść

    - *Number the Stars* (1989), powieść

Lois Lowry to amerykańska autorka książek dla dzieci i młodzieży. Jako córka wojskowego, a później żona oficera marynarki, od najmłodszych lat wiele podróżowała. Pisaniem zainteresowała się stosunkowo późno, publikując swoją pierwszą powieść, *Anastazja Krupnik*, w 1979 roku. W 1990 roku za *Number the Stars* otrzymała w USA prestiżowy Medal Newbery dla literatury dziecięcej, a w 1994 roku ponownie za książkę *Dawca*.

DAWCA

DYSTOPIJNA POWIEŚĆ DLA MŁODYCH DOROSŁYCH

- **Gatunek:** powieść science fiction
- **Wydanie referencyjne:** Lowry, L. (2008) *Dawca*. Londyn: HarperCollins.
- **Pierwsze wydanie:** 1993
- **Tematy:** jednostka i społeczeństwo, totalitaryzm, wolność, eutanazja, dystopia

Dawca to pierwsza powieść z czterotomowej serii *Dawca* i jest skierowana do młodych dorosłych czytelników. Czerpie inspirację z wielkich dzieł dystopijnej fikcji (czyli utworów opisujących wyimaginowane społeczeństwo totalitarne i ograniczenia, jakie nakłada ono na życie swoich obywateli) z pierwszej połowy XX wieku, takich jak *Nowy Wspaniały Świat* (1932) Aldousa Huxleya (angielski pisarz, 1894-1963) i *1984* (1949) George'a Orwella (angielski pisarz, 1903-1950).

Opowiada historię Jonasa, młodego chłopca żyjącego w drobiazgowo zorganizowanym futurystycznym społeczeństwie, który zostaje wezwany do zostania "Odbiorcą Pamięci", jedynym nosicielem zbiorowej pamięci społeczności, podczas gdy wszyscy inni żyją w błogiej nieświadomości swojej przeszłości. Zaczyna uczyć się o tej roli od swojego poprzednika i uświadamia sobie, że jego mały świat jest o wiele mniej idylliczny niż zawsze sądził.

STRESZCZENIE

NIEZWYKŁY CHŁOPIEC

Jonas jest 11-letnim chłopcem, który żyje w futurystycznym społeczeństwie, w którym codzienne życie regulują bardzo surowe prawa. Stabilność całej społeczności zależy od skrajnego ograniczenia wolności osobistych. Na przykład, obywatelom nie wolno wybierać własnych ubrań, pracy, imion dzieci, a nawet małżonka. Zabroniona jest również prokreacja. Dostarczane są pigułki tłumiące emocje i pragnienia seksualne jednostek, a noworodki są poczęte w specjalnych ośrodkach. Wszelkie wykroczenia są surowo karane albo komunikatem podawanym do wiadomości publicznej przez głośniki, albo ostrzeżeniem, które może mieć dalsze konsekwencje: każdego dnia słabe dzieci, starcy i przestępcy są "wypuszczani", tajemnicze słowo, którego mieszkańcy używają nie rozumiejąc, co ono oznacza, a które utożsamiają z czymś, co nazywa się "Elsewhere".

Jonas dorasta w tym bezbarwnym świecie, gdzie każdy szczegół życia prywatnego każdego człowieka jest skrupulatnie regulowany. Jego rodzina skrupulatnie się nim opiekuje, ale tak naprawdę nie okazuje mu miłości. Jego siostra jest jeszcze bardzo mała, matka pracuje w Departamencie Sprawiedliwości, a ojciec, który pracuje jako Wychowawca w Ośrodku Pielęgnacji Noworodków, jest zaniepokojony stanem zdrowia jednego z noworodków, Gabriela. Dziecko nie rośnie tak szybko, jak powinno, więc ojciec Jonasa przynosi go do domu, gdzie łatwiej może się nim opiekować.

Dwie rzeczy wyróżniają Jonasa spośród innych mieszkańców: ma blade oczy, które są bardzo rzadkie w jego społeczności (są tylko trzy inne osoby z bladymi oczami: młodsza dziewczyna, którą widział już wcześniej, dziecko Gabriel, oraz Odbiorca Pamięci, mężczyzna, którego rzadko widuje), a także ma "Zdolność do widzenia Poza" (s. 79), czyli do postrzegania świata w inny sposób. Przedmioty często zmieniają swój wygląd na kilka sekund, podczas gdy on je obserwuje, chociaż ten dar nie jest natychmiast widoczny i zaczyna się objawiać stopniowo. W szczególności epizody stają się częstsze w miarę zbliżania się "Ceremonii Dwunastu". Podczas tej corocznej ceremonii wszystkie dzieci, które wkrótce skończą 12 lat, dowiadują się, jakie zadanie zostało im przydzielone przez Starszych.

ODBIORCA PAMIĘCI

Jonas dowiaduje się, że ma zostać nowym "Odbiorcą Pamięci", co jest rolą wyjątkową i prestiżową, ale też bardzo trudną. Od tej pory wolno mu łamać pewne zasady: nie musi już uczestniczyć w określonych ceremoniach, może zadawać dowolne pytania i wolno mu kłamać. Jest również zwolniony z prawa, które mówi, że wszystkie osoby muszą opowiedzieć swoje sny podczas porannego rytuału.

Z drugiej strony nie może już brać leków, chyba że wymaga tego jego praca (część przekazywania pamięci polega na odczuwaniu wszystkich emocji i wrażeń związanych z tymi wspomnieniami, w tym bólu). Wreszcie, ma absolutny zakaz wyjaśniania innym ludziom natury swojego terminowania.

Codziennie po szkole udaje się do domu człowieka, którego wkrótce zastąpi, aby rozpocząć szkolenie. Jest to stary człowiek o bladych oczach, który został wyczerpany przez swoje Przydziały i od dłuższego czasu żyje w głębokiej samotności. Nie przeszkadza mu to jednak w byciu szanowanym przez swoją społeczność, która nadaje mu przydomek "Dawca".

Podczas pierwszej lekcji Dawca prosi Jonasa, aby się położył, a następnie kładzie na nim swoje ręce. Chłopiec natychmiast doznaje dziwnego uczucia i wyobraża sobie, że jedzie na sankach po ośnieżonych zboczach góry. Jest to niezrozumiałe doświadczenie, ponieważ Jonas nigdy w życiu nie widział prawdziwych sanek, śniegu ani gór. Był właśnie świadkiem wspomnienia, pierwszego fragmentu ogromnej zbiorowej pamięci, którą zaczął mu przekazywać Dawca. W miarę upływu dni Jonas zaczyna rozumieć swoją rolę: jest odpowiedzialny za wszystkie wspomnienia społeczności. W świecie, w którym ludzie nie przechowują już w swoich umysłach własnych wspomnień, jego obowiązkiem jest ich strzec, aby jego współobywatele mogli żyć bez obaw. Bez niego niebezpieczne wspomnienia, takie jak gryzący chłód śniegu czy bolesne wspomnienia z wojny, mogłyby wywołać strach i panikę oraz zagrozić delikatnej równowadze społeczności.

To początek nowego życia dla Jonasa, który doświadcza emocji, których wcześniej nie był świadomy. Odkrywa radość, pasję, pożądanie i miłość, ale także smutek i złamane serce. Dociera do niego, że wiele emocji istniało wcześniej, ale zostały wyeliminowane przez społeczność, zakopane pod przepisami prawa lub rozpuszczone przez leki, które ludzie muszą przyjmować każdego dnia. Wreszcie Jonas odkrywa kolor, gdyż wspomnienia odsłaniają nowy, barwny świat, który już wcześniej dostrzegał, gdy objawiła się jego moc "widzenia poza".

Wszystkim tym odkryciom towarzyszy jednak rosnące poczucie osamotnienia, ponieważ Jonas chciałby móc powiedzieć innym ludziom, czego się nauczył, ale nie może. Na próżno próbuje przekazać wspomnienia przyjaciołom i rodzinie; nikt nie jest otwarty, poza Gabrielem, dzieckiem o bladych oczach, którym opiekuje się jego ojciec.

WADLIWE SPOŁECZEŃSTWO

Mija rok, w trakcie którego Jonas stopniowo zmienia zdanie o swojej społeczności. Uświadamia sobie, że wypierając złe wspomnienia, jego współobywatele usunęli również te dobre. Prawa, próbując wyeliminować cierpienie, strach i ekscesy spowodowane namiętnościami, zgasiły również miłość, radość, pożądanie i wiele innych ludzkich emocji, a także usunęły wszelkie ślady indywidualności. Zawładnęła nim chęć buntu, a pragnienie to staje się jeszcze silniejsze po nowym, strasznym objawieniu.

Od dłuższego czasu zastanawia się, co tak naprawdę oznacza bycie "uwolnionym". W końcu pyta Dawcę, który proponuje mu obejrzenie filmu o uwolnieniu. Film pochodzi z miejsca pracy jego ojca, Centrum Pielęgnacji. Prawo zabrania istnienia bliźniąt, a kiedy się pojawią, obowiązkiem ojca Jonasa jest uwolnienie mniejszego z nich. Na filmie, który ogląda Jonas, jego ojciec daje dziecku zastrzyk, a ono umiera w ciągu kilku sekund. Jednak żaden z członków społeczności nie pojmuje prawdziwego znaczenia tego faktu, ponieważ są oni błogą nieświadomością śmierci i postrzegają eutanazję jako odejście do lepszego świata.

Jonas zdaje sobie sprawę, że przez długi czas wierzył w straszne kłamstwo, a słowo "uwolnienie" to nic innego jak eufemizm dla morderstwa. To odkrycie jest dla niego punktem zwrotnym i przepełnia go chęć obalenia tego społeczeństwa, które z każdym dniem coraz bardziej go obrzydza. Postanowiwszy ujawnić prawdę, wyobraża sobie, że odkrywa przed wszystkimi nowe emocje, pokazuje im kolory i wspomnienia, i robi wszystko, co w jego mocy, by wyrwać ich ze snu na jawie, w którym byli zanurzeni przez całe życie. Jego pragnienie buntu okazuje się zaraźliwe: Dawca zgadza się mu pomóc i razem obmyślają plan.

UCIECZKA

Postanawia się, że Jonas wykorzysta okazję, jaką dają wielkie doroczne ceremonie, podczas których cała społeczność zgromadzi się w jednym miejscu, by uciec jak najdalej. Jeśli ucieknie wystarczająco daleko, wszystkie wchłonięte przez niego wspomnienia zostaną natychmiast uwolnione, rozprzestrzeniając się po całej społeczności i ujawniając wszystkim alternatywną rzeczywistość, której już doświadczył. Wszystko wydaje się być na swoim miejscu aż do poprzedniej nocy, kiedy Jonas dowiaduje się, że Gabriel, który jest jeszcze zbyt mały, został właśnie skazany na uwolnienie. Chcąc go uratować, Jonas wyjeżdża z nim wcześniej niż planował. Kradnie rower ojca i jedzie najszybciej jak potrafi, chowając się za każdym razem, gdy ryzykuje, że zostanie odkryty.

Każda godzina wyczerpuje go jeszcze bardziej, ale mimo głodu i zimna, zbiera w sobie dość energii, by wspiąć się na zbocze góry, chroniąc przy tym wyjątkowo słabe dziecko. Na szczycie odkrywa sanki, te same, które widział we wspomnieniu przekazanym przez Dawcę, i zjeżdża nimi po zaśnieżonym zboczu w kierunku świateł, które widzi w oddali.

U podnóża góry stoi dom. Jonas wygląda przez jedno z okien i widzi rodzinę, która świętuje Boże Narodzenie. Po raz pierwszy słyszy muzykę i widzi scenę niepodobną do wszystkich, które do tej pory mógł zobaczyć: scenę miłości. Dziecko jest bezpieczne dzięki wspomnieniom Jonasa o cieple i sile jego miłości, a Jonas właśnie odkrył, że istnieje Elsewhere, poza światem, który zawsze znał.

STUDIUM POSTACI

JONAS

Jedenastoletni Jonas jest hojny i inteligentny, przez cały okres szkolny był "najlepszym uczniem" (s. 78). Jest bardzo konkretny, a kiedy mówi, "szuka odpowiedniego słowa, aby opisać swoje uczucia" (s. 4). Starsi uważają jego ciekawość za zaletę, ale on sam uważa ją za niepokojącą, gdy zbliża się do Ceremonii Dwunastu. Podczas lat spędzonych jako wolontariusz interesował się szerokim zakresem zadań i z tego powodu trudno mu sobie wyobrazić, jaką pracę mógłby w końcu wykonywać.

Jonas jest głównym bohaterem opowieści i został wybrany na nowego Odbiorcę Pamięci. Wyróżnia się w społeczeństwie, w którym wszystko zostało ujednolicone do "Samości" (s. 106). Po pierwsze, ma "inne, jaśniejsze oczy" (s. 25), które pozostali mieszkańcy postrzegają jako "zabawne" (s. 24). Po drugie, posiada wyjątkową odwagę i uczciwość, które są postrzegane jako niezbędne do pełnienia roli, jaką wyznaczono mu w społeczności. Posiada również tajemniczą moc, "zdolność widzenia poza" (s. 79), której nie znają Starsi. Czasami obserwowane przez niego przedmioty zmieniają wygląd, a on nie jest w stanie zrozumieć, co powoduje tę przemianę. Później zrozumie, że widzi kolor i to właśnie sprawia, że przedmioty są inne.

Na początku opowieści jest w zasadzie beztroski, ale stopniowo zaczyna kwestionować siebie i system, którego jest częścią: cieszył się swoimi pierwszymi romantycznymi pragnieniami i nie widzi powodu, dla którego miałby je tłumić. Od pierwszego spotkania z Dawcą, widzimy, że jest zdeterminowany i ma coś z buntowniczej smugi. Jest nieugięty w dążeniu do swoich ideałów i zostawia za sobą niesprawiedliwe społeczeństwo, aby móc doświadczyć prawdziwej wolności.

ODBIORCA PAMIĘCI

Odbiorca Pamięci jest jednym z najbardziej szanowanych członków społeczności. Przechowuje wszystkie wspomnienia z przeszłości w swoim umyśle, przechowując szczęśliwe chwile wraz z tymi smutnymi. Nie wolno mu jednak rozmawiać o nich z innymi. Żyje w głębokiej samotności, obciążony złymi wspomnieniami, które nosi w sobie. Jego zadaniem jest również przekazanie całej tej zbiorowej pamięci swojemu następcy, dlatego inni członkowie społeczności nazywają go "Dawcą". Wykorzystuje do tego tajemniczą moc: kładąc dłonie na podatnej osobie (takiej jak Jonas, który jest z natury ciekawski i dobrowolnie uczestniczył w wielu działaniach), może przekazać jej wspomnienie.

Jest już starym człowiekiem, przedwcześnie postarzonym przez swoje Przydziały. Podobnie jak Jonas, ma blade oczy. Kilka lat wcześniej stracił młodą córkę, która miała być jego następczą, ale nie wytrzymała ciężaru bolesnych wspomnień i poprosiła o "uwolnienie".

KOLEDZY JONASA Z KLASY: FIONA I ASHER

Najlepszy przyjaciel Jonasa, Asher, jest energicznym i często niesfornym dzieckiem. Ma tendencję do mówienia niewłaściwych rzeczy, za co nauczyciele surowo go karzą. Otrzymuje przydział na stanowisko asystenta dyrektora ds. rekreacji.

Fiona jest "dobrą uczennicą, cichą i grzeczną, ale ma też poczucie humoru" (s. 34). Jonas bardzo ją lubi, a nawet ma o niej uderzający sen, który inspiruje jego pierwsze fizyczne zapędy. Lubi pomagać starszym i większość swoich godzin wolontariatu spędziła pracując z nimi, więc nie jest zaskoczeniem, kiedy Starsi przydzielają jej rolę Opiekuna Starszych.

RODZINA JONASA

Ojciec Jonasa jest łagodnym, rozważnym człowiekiem, który lubi opiekować się dziećmi. Pracuje jako Wychowawca i zajmuje się nowo narodzonymi dziećmi.

Jego matka jest inteligentną kobietą, która pracuje w Departamencie Sprawiedliwości. To ona wybiera kary, które są wymierzane tym, którzy nie przestrzegają prawa.

Mimo że jego rodzice ślepo przestrzegają zasad wspólnoty, Jonas nie potrafi znaleźć w sobie odwagi, by mieć im to za złe. W istocie, jego problem nie leży w jednostkach, ale w całej społeczności i sposobie jej funkcjonowania.

Jonas ma też młodszą siostrę, Lilly, która ma siedem lat, jest pełna energii i raczej złośliwa.

ANALIZA

FANTASTYKA I SCIENCE FICTION W *"DAWCY"*

Akcja Dawcy rozgrywa się w futurystycznym społeczeństwie, które bardzo różni się od naszego, co rodzi pytanie, czy jest to dzieło science fiction czy fantasy. Te dwa gatunki różnią się stopniem, w jakim ich wydarzenia są wytłumaczalne lub niewytłumaczalne:

• Fantastyka zawiera elementy irracjonalne i magię, czyli rzeczy, które są naukowo niewytłumaczalne, i pozostawia otwartą możliwość zarówno racjonalnych, jak i irracjonalnych wyjaśnień ich obecności.

• Science fiction przedstawia nieznane wszechświaty, często bardziej zaawansowane technologicznie od naszego, w których wszystko można wyjaśnić za pomocą nauki. Przedstawione w niej światy są niejako przedłużeniem naszego własnego i doświadczyły dużych postępów naukowych, które mogły mieć pozytywne lub negatywne skutki.

Te dwa gatunki mają wiele wspólnych cech i mogą być trudne do odróżnienia od siebie. *Dawca* jest raczej dziełem science fiction, gdyż przedstawia społeczeństwo, w którym dokonał się rozległy postęp w wielu dziedzinach (zwłaszcza w medycynie i technologii), ale w którym wszystko jest mniej lub bardziej wytłumaczalne, nawet jeśli nie ma podstaw w rzeczywistości. Kiedy jednak Odbiorca kładzie ręce na Jonasie i udaje mu się wejść do jego umysłu, by powierzyć mu wspomnienia ze zbiorowej przeszłości, historia dokonuje forpoczty w sferze magicznej. W tej opowieści science fiction jest więc kilka elementów fantastyki.

Dystopia: podgatunek science fiction

Science fiction często krytycznie patrzy na nasze społeczeństwo, aby uświadomić nam, w jaki sposób postęp może być szkodliwy. Dystopijna fikcja jest specyficznym podgatunkiem science fiction, który opiera się na tej zasadzie i obejmuje dużą liczbę powieści i filmów, które opowiadają historie osadzone w sztywnych, precyzyjnie i mechanicznie zorganizowanych społeczeństwach, gdzie jednostki są poświęcane na rzecz wspólnego dobra. Ludzie są wyobcowani i często nieszczęśliwi, nawet jeśli większość z nich nie zdaje sobie z tego tak naprawdę sprawy. Dystopia jest więc przeciwieństwem utopii, która wyobraża sobie doskonale zorganizowany, idealny świat, w którym wszyscy są szczęśliwi. W większości najważniejszych powieści dystopijnych XX wieku jeden z bohaterów – często różniący się w jakiś sposób od pozostałych – uświadamia sobie, że ich doskonale zorganizowane społeczeństwo oparte jest na kłamstwie. Tak właśnie dzieje się z Jonasem, kiedy zdaje sobie sprawę, że jego pozornie doskonała codzienność skrywa straszną rzeczywistość. Lowry zgłębia więc zagadnienia, które wcześniej poruszali tacy autorzy jak George Orwell, Aldous Huxley czy Ray Bradbury (amerykański pisarz, 1920-2012).

Dystopijna fikcja jest głównym trendem literackim i jest szczególnie popularna wśród młodszych czytelników, z *Igrzysk Śmierci* Suzanne Collins (amerykańska autorka, urodzona w 1962 roku) i trylogią *Divergent* Veronica Roth (amerykańska autorka, urodzona w 1988 roku) zarówno na szczycie list bestsellerów. Współczesna fikcja dystopijna zwykle opiera się na buncie bohatera lub grupy bohaterów przeciwko niesprawiedliwemu porządkowi społecznemu i często jest bardziej brutalna niż wcześniejsze dzieła, takie jak *1984*. Te bunty są zazwyczaj sensacyjne, z powstaniami, przemocą, trudami, przygodami, a nawet wojną w centrum opowieści.

Dla kontrastu, *Dawca* skrupulatnie opisuje społeczność i codzienne życie swojego bohatera, z wyjaśnieniem ceremonii wiekowych, hierarchii społecznej, niezliczonych sposobów kontrolowania obywateli i eliminacji emocji. Następnie dowiadujemy się o decyzji Jonasa, by zmienić ten stan rzeczy, ale rezultaty jego działań pozostawione są wyobraźni czytelnika. Ta dystopijna powieść nie opiera się na spektakularnych zwrotach akcji, a raczej na stopniowym odkrywaniu przez jednego wyjątkowego bohatera otaczającego go świata i istnienia uczuć.

SYSTEM TOTALITARNY

W większości dystopijnych fikcji grupa jest ważniejsza od jednostki. Przedstawione społeczeństwo to sprawna, dobrze naoliwiona maszyna, w której rząd kontroluje każdy aspekt życia swoich obywateli, aby stłumić ich indywidualność i utrzymać władzę nad populacją. W szczególności władze starają się wyeliminować wszystko, co nieprzewidywalne, nietypowe lub inne, i w tym celu dążą do zminimalizowania cech wyróżniających jednostki, aby uczynić je trybikami w ogromnej maszynie.

Utrata indywidualności na rzecz organizacji społecznej

Ludność pozbawiona jest większości wolności, a zróżnicowane osobowości obywateli są homogenizowane, co oznacza, że istnieją minimalne cechy wyróżniające, pozwalające jednostkom wyróżnić się z jednolitości społeczności. W *"Dawcy" obywatele nie mogą* dokonywać osobistych wyborów: dzieci nie mogą wybrać roweru ani ubrania, a dorośli nie mają wpływu na przyszłego małżonka, na to, czy będą mieli dzieci, czy nie, a nawet na imiona swoich dzieci. Ponieważ to społeczeństwo nie ma pojęcia wolności, bunt jest niemożliwy.

Rząd w imię naukowej racjonalności podejmuje każdą decyzję dotyczącą życia swoich obywateli, choćby pozornie błahą. To pozbawienie wolności ma jeden cel: uczynić ze wszystkich członków społeczeństwa ludzi doskonale przystosowanych do życia w swojej społeczności, tak aby nie byli już zbiorem różnych jednostek, ale potulną, jednorodną grupą. Jak uświadamia sobie Jonas, usunięcie koloru usuwa również możliwość wyboru barw i wyróżnienia się. Czarno-biały świat, w którym żyją mieszkańcy, jeszcze bardziej upodabnia ich do siebie.

Wszechogarniający nadzór

Gdy obywatele zostaną pozbawieni wolnej woli, konieczne jest ich pilnowanie i kontrolowanie w celu zagwarantowania stabilności społecznej. Całkowita kontrola jednostek przez ich rząd jest podstawą literatury dystopijnej, szczególnie biorąc pod uwagę fakt, że istnieje ona w prawdziwym życiu: prawdziwe dyktatorskie lub autorytarne reżimy, takie jak ten Mao Zedonga (przywódca Chin, 1893-1976), często wykorzystują to podejście jako środek do podporządkowania sobie ludności.

W *Dawcy* wszyscy bohaterowie podlegają bardzo surowemu zestawowi praw, a nieprzestrzeganie ich jest często karane śmiercią. Jednak, jak w wielu dystopiach, władze nie muszą używać siły, aby zapewnić przestrzeganie tych praw, ponieważ jednostki obserwują się nawzajem, co czyni je zarówno ofiarami, jak i sprawcami w tym samonapędzającym się systemie. Niezachwiana wiara w te prawa jest wpajana obywatelom od najmłodszych lat. Od uczniów nie wymaga się rozwijania umiejętności krytycznego myślenia, ale uczenia się na pamięć praw, których muszą skrupulatnie przestrzegać. Ponadto, ponieważ obywatele nigdy nie znali innego sposobu życia, nie przychodzi im do głowy, że mogliby myśleć lub zachowywać się inaczej.

Po zakorzenieniu się tej ideologii każdy obywatel zaczyna uważać obserwowanie, monitorowanie, a nawet zgłaszanie potencjalnych sprawców za naturalną część życia. Mniej poważne wykroczenia są transmitowane przez głośniki ustawione wszędzie, nawet w domach obywateli, w celu wzbudzenia poczucia winy i wstydu bez konieczności podawania nazwiska sprawcy. Na przykład Jonas pamięta "z upokorze-niem, że komunikat: 'Uwaga. To jest przypomnienie dla męskich jedenastek, że nie wolno wynosić przedmiotów z terenu rekreacyjnego i że przekąski należy jeść, a nie groma-dzić' zostało skierowane konkretnie do niego, tego dnia w zeszłym miesiącu, kiedy zabrał do domu jabłko" (s. 28). Dla czytelnika jest jasne, że poważniejsze wykroczenia będą karane szybko i surowo. Kiedy Jonas próbuje uciec, musi uważać na wszystkich, w tym na własną rodzinę.

Inwigilacja jest nieustanna. Jej celem jest poznanie myśli wszystkich, aby wyeliminować możliwość buntu, co oznacza wnikanie w najbardziej intymne i prywatne myśli jednostek. W tym celu społeczność Jonasa podejmuje obowiązkowy, codzienny rytuał: opowiadanie snów. Sny wyzwalają podświa-domość, a niekontrolowane i nieopanowane myśli poddanych ujawniają informacje o nich samych. Zmuszanie obywateli do opowiadania snów oznacza wtargnięcie w najgłębsze zaka-marki ich umysłów, po to, by spróbować rozeznać się w tym, co naprawdę myślą i jest sposobem na przewidywanie i uprze-dzanie ewentualnych zaburzeń społecznych.

Kontrolowanie namiętności

W snach manifestują się także popędy, namiętności i pragnie-nia, a te jeszcze trudniej kontrolować niż idee. Kiedy Jonas staje się atrakcyjny dla Fiony, jego ciało odczuwa niekontrolo-wane pragnienie, mimo że jest to oficjalnie zabronione. Nie do końca rozumie to uczucie, ponieważ nie chciał go i przyszło do niego naturalnie. Jego pożądanie przejawia się w snach, ale także metaforycznie, gdyż pierwszym kolorem, który odkrywa jest czerwień, kolor symbolicznie związany z pożądaniem, ale także z przemocą i chęcią walki.

Wszystkie te namiętności są postrzegane jako potencjalne zagrożenie dla równowagi społeczności. Stosuje się więc różne metody, aby je stłumić. Na przykład pojęcie pary zostaje oddzielone od idei prokreacji, która z kolei zostaje oddzielona od wymiaru seksualnego, a wszyscy obywatele muszą brać pigułki tłumiące ich pragnienia, co jest równoznaczne z dorywczo akceptowaną formą chemicznej kastracji. Jednak eliminując negatywne namiętności, społeczność usunęła również pozytywne namiętności, takie jak miłość. W tym społeczeństwie uczucia straciły swoją moc i są słabą, rozcieńczoną formą prawdziwych emocji. Kontrolując pasje swoich obywateli, rząd dehumanizuje ich i pozbawia zdolności myślenia i odczuwania, gdyż to właśnie ich człowieczeństwo mogłoby skłonić ich do buntu.

Znaczenie rytuału i czci dla autorytetu

Życie w reżimach totalitarnych jest często zorganizowane wokół zatwierdzonych przez rząd ceremonii i rytuałów. W *"Dawcy"* ten rytuał przybiera formę:

- **Powszechny szacunek wobec przywódców, Komitetu Starszych.** Komitet Starszych wzbudza głęboki szacunek u wszystkich obywateli, a Jonasowi nawet nie przychodzi do głowy kwestionowanie decyzji Starszych, którzy "są tak uważni w swoich obserwacjach i wyborach" (s. 20). Jego matka komentuje, że ich zadanie jest "prawdopodobnie najważniejszą pracą w naszej społeczności" (*tamże*). Odbiorca Pamięci ma "pracę, która jest najbardziej honorowana w naszej społeczności" (s. 77) i jest nawet ważniejsza niż Komitet Starszych, choć ich współobywatele nie są świadomi ich pracy. Dźwiga on ciężar zbiorowej pamięci ludzkości i cierpi, aby uchronić społeczność przed nieszczęściami z przeszłości, a także służy radą Komitetowi Starszych.

- **Coroczne obchody.** Społeczności żyjące w reżimach totalitarnych często biorą również udział w obchodach ważnych kamieni milowych, które są dla nich jak rytuały przejścia. Członkowie społeczności tworzą grupy, które są ważniejsze niż jednostka. W społeczności Jonasa odbywa się coroczna ceremonia, w której uczestniczą wszyscy poniżej 12 roku życia, a dzieci po kolei wychodzą na scenę, aby oficjalnie przejść do następnej grupy. Ceremoniał, który towarzyszy tej ceremonii, jest zaplanowany z wojskową precyzją i zgodny z zasadami ustalonymi przez władze. Na przykład każdy członek społeczności musi uczestniczyć w ceremonii, zanim uzyska prawo do dwóch dni urlopu. Jonas zauważa, że "każdego roku są dobre rzeczy" (s. 50), gdyż każdemu wiekowi towarzyszy jakiś prezent. Na przykład podczas ceremonii Onesowi zostaje przypisane imię i rodzina. Te jasno określone etapy pomagają ustalić hierarchię między członkami wspólnoty: Siódemki otrzymują "kurtkę zapinaną z przodu [...], pierwszy bardzo widoczny symbol dorastania" (s. 51), podczas gdy Ósemki dostają płaszcz z kieszeniami, "wskazujący, że [są] teraz na tyle dojrzałe, by pilnować [swoich] małych rzeczy" (s. 56).

Rytuały, które kształtują życie w społeczności, kierują jej członków ku wspólnemu celowi. Zasady obowiązujące w ich społeczeństwie są im znane przez całe życie, a ich przestrzeganie stopniowo staje się drugą naturą. Dorośli potrzebują jedynie okazjonalnych ceremonii rytualnych, które służą jako rodzaj przypomnienia, aby pozostać na kursie do tego celu.

UŻYWANIE SŁÓW DO PRZEKSZTAŁCANIA RZECZYWISTOŚCI

Pozornie idylliczne światy dystopijnej fikcji mają wiele cech prawdziwych dyktatur i reżimów totalitarnych. Mimo że wyeliminowano wszelką indywidualność, władza musi strzec się wszelkich przejawów świadomości wśród ludności i wprowadzać surowe prawa, aby stłumić sprzeciw.

Aby kontrolować umysły ludzi, trzeba kontrolować ich słowa. Słowa służą nie tylko do nazywania rzeczy; są także narzędziami do zrozumienia otaczającego nas świata. Lingwiści wykazali, że idee, które rozwijamy, są ściśle związane ze słowami, które znamy. W praktyce oznacza to, że im większy jest nasz zasób słownictwa, tym większa jest nasza zdolność do formowania złożonych, nowatorskich idei.

Kontrola języka oznacza więc kontrolę nad wyobrażeniami i postrzeganiem rzeczywistości przez ludzi, natomiast zmiana słów oznacza zmianę rzeczywistości. Dlatego Jonas i jego rówieśnicy od najmłodszych lat są surowo karani, jeśli nie używają narzuconych im słów lub jeśli używają słowa poza jego właściwym kontekstem, co jest postrzegane jako kłamstwo. Na przykład Jonas został kiedyś "wzięty na bok na krótką prywatną lekcję precyzji językowej" po tym, jak powiedział "Umieram z głodu" (s. 89).

Autor podkreśla użycie słowa "uwolnić", będącego eufemizmem dla "skazać na śmierć". Używając tego niejasnego słowa, którego tak naprawdę nie rozumieją, bohaterowie tracą z oczu rzeczywistość. Codziennie skazuje się na śmierć noworodki, starców i przestępców, ale nikt nie zdaje sobie z tego sprawy, bo słowa opisujące ten proces zostały stłumione. Podobnie, gdy słowo zostało odcięte od swojego odniesienia, może nabrać innego znaczenia i pojawić się nowe wyrażenie. Zjawisko to występuje, ponieważ wiele istot lub przedmiotów już nie istnieje, ale słowa je określające nadal są częścią języka. Na przykład Jonas i jego rówieśnicy mówią, że źle wychowani ludzie zachowują się jak "zwierzęta" (s. 7), ale nie wiedzą dokładnie, co oznacza to słowo, ponieważ zwierzęta nie istnieją już w ich świecie.

Wreszcie, tej manipulacji językiem towarzyszy bardzo surowa zasada: w społeczności Jonasa książki są zakazane, ponieważ mogą wprowadzić czytelnika w nowe idee i skłonić do myślenia, co jest postrzegane jako zagrożenie dla ustalonego porządku.

WYMIAR EDUKACYJNY

Dawca jest skierowany do młodego dorosłego czytelnika i ma znaczący wymiar edukacyjny:

- **Refleksja nad światem.** *Dawca* zachęca czytelników do przemyśleń na wiele tematów, w tym na temat eutanazji, eugeniki i wolności do bycia innym. Zwłaszcza eutanazja i eugenika to nieco zaskakujące tematy dla powieści dla młodych dorosłych, ale potraktowanie ich przez Lowry zachęca czytelnika do refleksji, gdy towarzyszy bohaterowi w jego podróży. Jonas zaczyna jako szczęśliwe dziecko, które chce postępować właściwie w społeczeństwie, w którym wyróżnianie się jest źle widziane. Kiedy odkrywa, jaką rolę mu wyznaczono, jego spojrzenie na świat zmienia się i zaczyna się buntować. Młody czytelnik zapewne będzie mógł się z nim utożsamić, gdyż on również jest nastolatkiem, który czuje, że nie pasuje do społeczeństwa. Czytelnik jest również zachęcany do refleksji nad otaczającym go światem i nad wszystkim, co w zachodnim społeczeństwie jest uważane za oczywiste, ale w każdej chwili może zostać obalone. Powieść niesie przesłanie, że powinniśmy brać przykład z Jonasa i myśleć samodzielnie, a nie biernie przyjmować to, co nam się mówi.

- **Na cześć uczuć.** Powieść oddaje również hołd uczuciom, a w szczególności miłości. W społeczności Jonasa nie są możliwe prawdziwe uczucia, świat jest sterylny, a organizacja i prawo mają pierwszeństwo przed indywidualnością. Ten sztywny system skutecznie neutralizuje miłość, jedno z najsilniejszych możliwych uczuć. Starszyzna zakłada rodziny na podstawie dopasowanych cech osobowości, a dzieci otrzymują ci, którzy zostali uznani za gotowych na ich przyjęcie. Prawdziwa miłość wydaje się niemożliwa, szczególnie biorąc pod uwagę fakt, że wszystkim osobnikom w wieku reprodukcyjnym podaje się leki tłumiące popęd seksualny. Kiedy Jonas odkrywa to niespodziewane uczucie, jest oszołomiony i nie rozumie, dlaczego miałby z niego zrezygnować.

Wreszcie, prosty styl powieści sprawia, że jej przekaz jest bardziej przystępny, gdyż młodzi czytelnicy mogą skupić się na fabule, co zachęca ich do refleksji i rozwijania umiejętności krytycznego myślenia.

DALSZA REFLEKSJA

KILKA PYTAŃ DO PRZEMYŚLENIA...

* W jaki sposób początek powieści daje do zrozumienia, że pozornie idylliczny świat, który przedstawia, daleki jest od doskonałości?

* Czy możemy powiedzieć, że ta historia ma szczęśliwe zakończenie? Dlaczego?

* Czy Jonas jest szczęśliwszy czy nieszczęśliwszy po zrozumieniu rzeczywistości świata, w którym żyje? Wyjaśnij swoją odpowiedź.

* Omów relacje między językiem a rzeczywistością w powieści.

* Jakich środków (w zakresie języka i rytuału) używa społeczność, aby pozostać odciętą od rzeczywistości?

* Jakie cechy wspólne ma społeczność Jonasa z reżimami totalitarnymi, które istniały naprawdę?

* W przeciwieństwie do większości powieści dystopijnych, *Dawca* nie zawiera wielu zwrotów akcji. Jaki jest efekt tego wyboru narracyjnego?

* Członkowie społeczności muszą codziennie łykać tabletki, aby stłumić swoje pragnienia. W jakiej innej literackiej dystopii bohaterowie tak robią? Czy z tych samych powodów?

- W *Fahrenheicie 451* Raya Bradbury'ego książki są zakazane i palone. Czy są one zakazane z tych samych powodów, co w *"Dawcy"*? W którym momencie naszej historii książki były zakazane i palone?

- Dystopia jest bardzo bliska innemu gatunkowi literackiemu – utopii. Jakie są najbardziej znane utopie? Pod jakimi względami są one podobne do dystopii, a pod jakimi różne?

DALSZE CZYTANIE

WYDANIE REFERENCYJNE

Lowry, L. (2012) *Dawca*. Boston: Houghton Mifflin Harcourt.

ADAPTACJA

Dawca (Dawca) (2014) [Film]. Philip Noyce. Dir. USA: Asis
Productions.

Chcemy usłyszeć od Ciebie, co się dzieje!
Zostaw komentarz na temat swojej internetowej biblioteki
i podziel się swoimi ulubionymi książkami w mediach społecznościowych!

Dlaczego warto wybrać Must Read?

Dowiedz się wszystkiego, co musisz wiedzieć o książce dzięki naszym zwięzłym i dogłębnym streszczeniom i analizom!

Odkryj to, co najlepsze w literaturze w zupełnie nowym świetle!

www.50minutes.com

www.50minutes.com

Master ISBN: 9782808693363
Papierowy ISBN: 9782808614764
Depozyt prawny: D/2023/12603/1756

Verhaal: © Primento

Projekt cyfrowy: Primento, cyfrowy partner wydawców.